國朝宋學淵源記

〔清〕江藩 輯

齊魯書社
·濟南·

圖書在版編目（CIP）數據

國朝宋學淵源記 / (清) 江藩輯. -- 濟南 : 齊魯書社, 2024. 9. -- (《儒典》精粹). -- ISBN 978-7-5333-4953-0

Ⅰ. B249.9

中國國家版本館CIP數據核字第202488U9H9號

責任編輯　張　超
裝幀設計　亓旭欣

國朝宋學淵源記
GUOCHAO SONGXUE YUANYUAN JI
〔清〕江藩　輯

主管單位	山東出版傳媒股份有限公司
出版發行	齊魯書社
社　　址	濟南市市中區舜耕路517號
郵　　編	250003
網　　址	www.qlss.com.cn
電子郵箱	qilupress@126.com
營銷中心	（0531）82098521　82098519　82098517
印　　刷	山東臨沂新華印刷物流集團有限責任公司
開　　本	880mm × 1230mm　1/32
印　　張	3.75
插　　頁	2
版　　次	2024年9月第1版
印　　次	2024年9月第1次印刷
標準書號	ISBN 978-7-5333-4953-0
定　　價	36.00圓

《〈儒典〉精粹》出版説明

《儒典》是對儒家經典的一次精選和萃編，集合了儒學著作的優良版本，展示了儒學發展的歷史脉絡。其中，《義理典》《志傳典》共收録六十九種元典，由齊魯書社出版。鑒於《儒典》采用套書和綫裝的形式，部頭大，價格高，不便於購買和日常使用，我們决定以《〈儒典〉精粹》爲叢書名，推出系列精裝單行本。

叢書約請古典文獻學領域的專家學者精選書目，并爲每種書撰寫解題，介紹作者生平、内容、版本流傳等情況，文簡義豐。叢書共三十三種，主要包括儒學研究的代表性專著和儒學人物的師承傳記兩大類。版本珍稀，不乏宋元善本。對於版心偏大者，適度縮小。爲便於檢索，另編排目録。不足之處，敬請讀者朋友批評指正。

齊魯書社

二〇二四年八月

《〈儒典〉精粹》書目（三十三種三十四册）

孔氏家語　荀子集解　孔叢子
春秋繁露　春秋繁露義證　鹽鐵論
新序　揚子法言　白虎通德論
潛夫論　中説　太極圖説　通書
龜山先生語録　張子語録　傳習録
張子正蒙注　先聖大訓　近思録
四存編　孔氏家儀　帝範
帝學　温公家範　文公家禮
聖門禮樂誌　東家雜記　孔氏祖庭廣記
伊洛淵源録　伊洛淵源續録　國朝漢學師承記
國朝宋學淵源記　孔子編年　孟子年表

解題

國朝宋學淵源記二卷附記一卷，清江藩撰，清道光九年刻江氏叢書本

江藩字子屏，號鄭堂，祖籍旌德江村（今屬安徽）。監生出身，爲惠棟再傳弟子，精通經史，長於考據，著有《周易述補》《爾雅小箋》《炳燭室雜文》等。曾被阮元聘爲麗正書院山長，後任《廣東通志》纂修官。

江氏因尊漢學、抑宋學而遭反對，故在《國朝漢學師承記》後做此書以折衷諸家。是書列述傳記，以介紹清代遵循宋儒義理的學者之學術思想與源流關係，書前有道光二年長白達三序，稱贊此書『無分門別户之見，無好名争勝之心』。全書共三卷，爲四十位清代理學家立傳。上卷記北方學者，起孫奇逢，至孫景烈；下卷記南方學者，起劉汋，至鄧元昌；《附記》一卷記儒中『近禪』者，起沈國模，至程在仁。每卷最後有『記者曰』一段，對全卷的内容進行概述與評價。

是書的特色之處，一是以地域劃分學者，『北人質直好義，身體力行；南人習尚浮誇，

好騰口説』；二是關注不載於史册的下層學者，如江藩在上卷卷首稱『所録者或處下位，或伏田間，恐歷年久遠，姓氏就湮』，故而李光地、陸隴其等名家均不在列。與《國朝漢學師承記》相比，此書篇幅較小，編寫也較爲粗疏，記述多流於生平與言行，而較少涉及其學説和義理，可見江藩『尊漢抑宋』的明顯偏好。梁啓超指出，『二書中漢學編較佳，宋學編則漏略殊甚，蓋非其所喜也』。是書雖存偏見，但白璧微瑕，考鏡源流、統系大體之功不可忽視。

陳　鍇

目録

附記

國朝宋學淵源記

國朝宋學淵源記序

嘗觀元代之尊孔子曰先孔子而聖者非孔子無以明後孔子而聖者非孔子無以法至哉言乎不唯有明講學者所弗能及卽宋儒極力推崇連篇累牘亦未有若是之精確者也蓋天之生物氣具則命立性賦則理存而人秉天地之中以生故爲萬物之靈有斯世則有斯人有斯人則有斯性自開闢以至今日自羲農以至今世之人此理無一息之間斷此性亦無一人之不具也但天道不能無寒暑晝夜之遞嬗人性不能無昏明強弱之不同反其同而變其異作之君作之師所謂修道

之教也粵稽堯舜禹湯文武之爲君皋陶稷契伊周之爲臣其所謂繼天立極者亦不過君君臣臣父父子子各全其天性而已周衰孔子生於東魯出類拔萃繼往開來然使當日得行其道亦不過致君爲堯舜之君使民爲堯舜之民原不能於各全天性之外別有神奇也無如天厭周德其道未能大行於天下不得已訂詩書正禮樂序易象修春秋以垂教於萬世而大經大法奧義微言具載六經後之人果能於六經身體而力行之以之修身則可悟前聖之心傳以之治世則可返唐虞之盛軌內聖外王體用兼盡原非爲托之空言已也至

於七十二子之徒皆親炙門墻身通六藝其中惟顏曾獨得心傳諸子則各具一體其問答之間皆因其品詣而指示之非厚於顏曾而薄於諸子也聖人之言廣大精微因人設教使諸子各尊所聞而深造之其要歸亦未有不合於一貫之旨者也孔子沒楊墨興孟子辟而闢之廓如也然當時已有好辯之譏暴秦焚書坑儒典籍蕩然然斯人斯性未嘗滅絕也漢興尊崇經術諸大儒於灰燼之餘或師學淵源專門稽古或殫心竭慮皓首窮經而各守一說不相攻擊意至厚也昌黎崛起數百年後推崇聖道力排佛老而於荀楊則曰大純而小

詆亦何嘗於儒術之中自相牴牾哉蓋道在修己功在安民王道聖功理無二致故大學始言格致誠正以修身終之以齊家治國平天下節次不紊事理相因本心性以爲事功卽所謂一以貫之者也自宋儒道統之說起謂二程心傳直接鄒魯從此心性事功分爲二道儒林道學判爲兩途而漢儒之傳經唐儒之衛道均不啻糟粕視之矣殊不思洛閩心學源本六經若非漢唐諸儒授受相傳宋儒亦何由而心悟且詳言誠正略視治平其何以詆排二氏之學乎南渡後江西陸氏永嘉陳氏或尊德性或講事功議論與朱子不合門下依草附

末者互相攻訐沿至有明姚江王氏本良知以建功業
稍徵實學而推尊古本大學不遵朱註於是黨同伐異
者又羣起而攻陽明矣本朝
列聖相承本建中立極之學爲化民成物之政四子書
仍遵朱子十三經特重漢儒名賢輩出或登廊廟黼黻
皇猷或守蓬茅躬行實踐府縣置學官無聚徒私議之
士文武歸科第無懷才不售之人重熙累洽一道同風
直邁三代而媲美唐虞矣今世之人幸値
休明之運果能下學上達服古入官言行一以孔聖爲
依歸則將仰高鑽堅瞻前忽後矻矻孜孜寸陰是惜又

何暇分唐分漢闢陸闢王舍己之田而芸人之田乎甘泉江子鄭堂博學多識有志斯文經術湛深淵源有自旣編漢學師承記芸臺公保爲跋於前繼又纂宋學淵源記問序於予予才疏學淺曷能妄測高深詳閱其書無分門别戸之見無好名爭勝之心唯錄本朝潛心理學而未經表見於世者其餘廟堂諸公以有

國史可考不敢僭議也其用心至矣其用力勤矣因忘其譾陋本諸師傳驗諸心得爲弁數語於簡端以答其虛衷下問之意若夫精一執中至誠無息之淵源請還質諸世之善法孔子者時

皇清道光二年嘉平月長白達三書於粵東榷署

國朝宋學淵源記上

甘泉江　藩輯

春秋戰國之際楊墨之說起短長之策行薄湯武非周孔聖人之道幾乎息矣暴秦燔書棄仁義峻刑法七十子之大義乖矣漢興儒生攟摭羣籍於火燼之餘傳遺經於既絶之後厥功偉哉東京高密鄭君集其大成肄故訓究禮樂以故訓通聖人之言而正心誠意之學自明矣以禮樂爲教化之本而修齊治平之道自成矣爰及趙宋周程張朱所讀之書先儒之義疏也讀義疏之書始能闡性命之理苟非漢儒傳經則聖經賢傳久墜

於地宋儒何能高談性命耶後人攻擊康成不遺餘力豈非數典而忘其祖歟惟朱子則不然其言曰鄭康成是好人又曰康成是大儒再則曰康成畢竟是大儒朱子服膺鄭君如此而小生豎儒妄肆詆訶果何謂哉然而爲宋學者不第攻漢儒而已也抑且同室操戈矣爲朱子之學者攻陸子爲陸子之學者攻朱子至明姚江之學興尊陸畀朱天下士翕然從風姚江又著朱子晚年定論一篇爲調人之說亦自悔其黨同伐異矣竊謂朱子主敬大易敬以直內也陸子主靜大學定而後能靜也姚江良知孟子良知良能也其末節雖異其本則

同要皆聖人之徒也陸子一傳爲慈湖楊氏其言頗雜禪理於是學者乘隙攻之遂集矢於象山詎知朱子之言又何嘗不近於禪耶蓋析理至微其言必至涉於虛而無涯涘斯乃賢者過之之病中庸之所以爲難能也儒生讀聖人書期於明道明道在於修身無他身體力行而已豈徒以口舌爭哉有明儒生齗齗辯論朱陸王三家異同甚無謂也我

朝

聖人首出庶物以文道化成天下斥浮僞勉實行於是樸樕之士彬彬有洙泗之遺風焉藩少長吳門習聞碩

德耆彥談論壯游四方好搜輯遺聞逸事詞章家往往笑以爲迂近今漢學昌明徧於寰宇有一知半解者無不痛詆宋學然

本朝爲漢學者始於元和惠氏紅豆山房半農人手書楹帖云六經尊服鄭百行法程朱不以爲非且以爲法爲漢學者背其師承何哉藩爲是記實本師說嗟乎耆英彫謝文獻無徵甚懼斯道之將墜恥躬行之不逮也惟願學者求其放心反躬律己庶幾可與爲善矣至於孰異孰同槩置之弗議弗論焉

國朝儒林代不乏人如湯文正魏果敏李文貞熊文端

張清恪朱文端楊文定孫文定蔡文勤雷副憲陳文恭
王文端或登臺輔或居卿貳以大儒爲名臣其政術之
施於
朝廷達於倫物者具載
史宬無煩記錄且恐草茅下士見聞失實貽譏當世也
若陸清獻公位秩雖卑然乾隆初特邀從祀之
典
國史自必有傳矣藩所錄者或處下位或伏田間恐歷
年久遠姓氏就湮故特表而出之黃南雷顧亭林張蒿
菴見於漢學師承記茲不復出此記之大凡也附書於

此

孫奇逢

孫奇逢字啟泰號鍾元容城人年十七中萬歷庚子科舉人與定興鹿忠節公善繼友以聖賢相期勉居喪盡禮偕兄弟廬墓巡按御史以聞下詔旌表天啟時魏奄竊朝柄左光斗魏大中周順昌被逮三君與善繼奇逢友善時善繼在榆關贊孫承宗軍事奇逢遣弟彥逢上書高陽曰左魏諸君善類之宗直臣之首橫被奇冤有心者孰不扼腕昔盧次楩一莽男子耳謝茂榛以布衣爲行哭於燕市曰諸君今不爲盧生地乃從千載下哀

湘而弔賈乎李獻吉在獄何仲默致書楊文襄求一援
手康德涵至不自愛其名左魏之品可方獻吉非次梗
所敢望奇逢一介書生無由哭訴尙慙茂榛閣下名位
比肩文襄豈至出德涵下乎高陽覽書卽具疏請朝面
陳軍事忠賢大懼謂高陽與晉陽之甲夜遶御床而泣
乃馳詔止之然高陽亦不能申救也時三君子誣贓以
萬計許顯純嚴刑追比奇逢與善繼之父鹿太公正及
張果中倡義捐助輸者麕至繳納未竟而三君已斃於
詔獄矣乃經紀其喪歸葬故里高陽知其賢將薦之於
朝奇逢知時不可爲自陳願老公車不敢以他途進崇

正丙子容城被圍率里人堅守巡撫上其事有旨褒美
而已時李自成已陷秦晉賊氛甚迫乃移家之易州五
公山中依之者數百家奇逢定條約修武備暇則講論
身心性命之學遠近慕德士賊亦相戒勿犯孫先生順
治中巡按御史柳寅東陳棐交章論薦
朝命敦促固辭弗應
詔遂率子弟躬耕於蘇門之百泉山築堂名兼山讀易
其中四方負笈而來者日衆睢州湯斌成進士後始從
學謹守師說奇逢門下第一人也其學於憂患中默識
心性原本嘗曰喜怒哀樂中視聽言動必合於禮子臣

弟友盡分此終身行不盡者世之學者不務躬行惟騰口說徒增藩籬於道何補病世之辯朱陸異同者不知反本著理學宗傳以周程張邵朱陸薛王羅顧十一子爲正宗漢董子以下迄明季諸儒中謹守繩墨者次之橫浦慈湖等議論有出入儒佛者又次之其言平實切理門戸之見泯然矣康熙十五年卒年九十二孫之淦康熙壬戌進士

刁包

刁包字蒙吉祁州人明天啟中舉人再試不第遂謝公車力志於學嘗曰吾日三省吾身心無妄念乎言無妄

發乎事無妄爲乎居鄉黨恂恂如也然見義必爲勇過
孟賁崇正末流賊至祁散家財結聚千餘人守且戰賊
却走時有二璫督兵探卒報賊勢張甚璫怒謂卒誑語
惑軍心欲斬之包厲聲曰必欲殺此卒請先殺刁包二
璫氣索而止賊去流民滿野爲茅屋處之且給以食有
傷痍者予以藥存活數百人山東婦女被難者不能歸
遣徤僕六人護之歸于其行敦屬六人保護八拜而送
六人感泣盡歸諸其家無一人失所也甲申聞變服斬
衰朝夕哭忽有僞官趣之起七發書拒之其人將行戕
害會闖敗得免初聞百泉講學嚮慕其言行後讀梁谿

高氏遺書大喜曰不讀此書虛過一生矣作木主奉之或有過卽跪主前自訟居父喪慟哭無已時鬚髮盡白三年不入內不飲酒食肉能盡古喪禮及母歿大哭嘔血數升以毀卒將卒時肅衣冠起坐命子濂告先人及高子主前俄曰吾胸中無一事去矣遂逝門弟子私謚爲文孝

李中孚

李中孚盩厔人家在二曲之間人稱爲二曲先生父可從字信吾烈士也崇正末應募從軍隸監紀孫兆祿軍從陝西總督汪喬年討闖賊喬年戰死襄城兆祿與可

從等五千餘人同日死難中孚年十六而孤母彭氏教之讀家貧常借人書遂博覽經史攷其誤謬著書數十卷及長盡棄之爲窮理之學以悔過自新爲始基靜坐觀心爲入手謂必靜坐乃能知過知過乃能悔過悔過乃能改過此顏子不遠復之功也已而母歿往襄城求父骨將以合葬不得襄城知縣張允中感其孝爲可從立祠常州知府駱鍾麟師事中孚聞在襄城迎至道南書院主東林講席繼講于江陰靖江宜興興起甚衆還襄城以竣祠事初可從從軍以落齒一枚與其妻曰賊氛甚熾此行恐不能生還見齒如見我也中孚以落齒

與母合葬名曰齒塚崑山顧炎武作襄城紀異詩以表
美之康熙十二年陝西總督鄂善以隱逸薦固辭以疾
十七年禮部以眞儒薦大吏至其家敦迫之中孚絕粒
六日至拔刀自刺大吏駭去得以疾辭遂居土室反扃
其戶不與人通後
聖祖西巡
召赴
行在辭以老病乃就其家取所著四書反身錄
賜額曰關中大儒大吏使作表謝詞甚拙大吏笑置之
晚遷富平卒弟子王心敬傳其學心敬字爾緝鄠縣人

少爲諸生歲試學使遇之不以禮脫帽而出居平不苟言笑終日默坐有人問學曰反求諸己而已矣心敬學問淹通有康濟之志所著豐川集中論選舉餉兵馬政區田法圃田法井利說井利補說諸篇皆可起而行較之空談性命置天下蒼生於度外而不問者豈可同日語乎朱高安督學關中數造廬請益焉陝西總督額忒倫年羹堯先後上章薦於
朝兩徵不起羹堯以禮招致幕府心敬見其所爲驕縱不法避而不見亦不往謝
世宗聞而重之乾隆初有蒲城新進士應

廷試鄂西林相國問豐川安不豐川心敬之號也進士不知爲何許人茫無以對相國笑曰若不知若鄉有豐川亦成進士耶

李因篤

李因篤字天生一字子德富平人明季庠生時天下大亂因篤走塞上訪求勇敢士招集亡命殲賊以報國無有應者歸而閉戶讀經史爲有用之學與李中孚友善崑山顧炎武至關中主其家甲申乙酉之間與炎武冒鋒刄間關至燕中兩謁愍帝攢宮康熙己未詔舉博學鴻詞朝臣交章薦之因篤以母老辭是時秉

鈞者聞其名必欲致之大吏承風旨縣官加意迫促因篤將以死拒其母勸之行始涕泣就道試授翰林院撿討以母老且病上疏辭職歸養疏曰竊惟幼學而壯行者人臣之盛節辭榮而乞養者人子之苦心故求賢雖有國之經而教孝實人倫之本伏蒙

皇上勑諭內外諸臣保舉學行兼優之人比有內閣學士項景襄李天馥大理寺少卿張雲翼等旁採虛聲先後以臣因篤姓名聯塵薦牘獲奉

諭旨吏部遵行陝西督撫促臣應

詔赴京臣母年逾七旬屬歲多病又緣避寇墜馬左股

撞傷晝夜呻吟久成癈疾困頓床褥轉側需人臣止一
弟因材從幼過繼於臣叔曾祖家分奉小宗之祀臣年
四十有九兒女並無母子煢煢相依爲命躬親扶侍跬
步難離隨經具哀辭次第移咨吏部吏部謂咨內三人
其中稱親援病恐有推諉一槩駁回竊思己病或可僞
言親老豈容假借臣雖極愚不肖詎忍藉口所生指爲
諉卸之端痛思臣母遲莫之年不幸身嬰殘疾臣若貪
承
恩詔背母遠行必至倚門倚閭夙病增劇況衰齡七十
久困扶床輦路三千難通嚙指一旦禱北辰而已遠迴

西景以無期萬一有人子所不忍言者則毛義之捧檄不逮其親溫嶠之絶裾自忘其母風木之悲何及餅罍之恥奚償卽臣永爲名教罪人虧子職而負

朝廷非臣愚之所敢出也

皇上方敬事

兩宮聿隆孝治細如草木咸被矜容自能弘錫類之仁推之士庶寧忍孑然母子飲泣向隅奪其烏鳥私情寘之仕路蓋闕臣去臣最遠故以虛譽採臣而不知臣之有老母也臣雲翼與臣皆秦人雖所居里閈非遠知有臣老母而不知其既病且衰委頓支離至

於此極也卽部臣推諉之語槩指臣三人而言非謂臣必舍其親而不之顧也且臣雖譾陋而同時薦臣者悉皆
朝廷大臣其於君親出處之義聞之熟矣如臣獵名違母則其始進已乖不惟瀆斁天倫無顏以對
皇上而循陔負疚躁進貽譏則於薦臣諸臣亦爲有靦面目去歲臺司郡邑絡繹遣人催臣長行急若風火臣趨朝之限雖迫於戴星而問寢之私倍懸於愛日然呼天莫應號泣就途志緒荒迷如墮雲霧低頭轉瞬輒見臣母在前寢食俱忘肝腸迸裂其不可瀆官常而干祿

位也明矣況
皇上至聖至仁以堯舜之道治天下敦倫厚俗遠邁前
朝而臣甘違離老親致傷風化有臣如此安所用之乃
臣自抵
都以來屢次具呈具疏
九重嚴邃情壅上聞隨於三月初一日扶病考試蒙
皇上拔之前列奉
旨授臣翰林院檢討與臣同官纂修明史聞
命悚惶忝竊非分臣衡茅下士受
皇上特達之知天恩深重何忍言歸但臣於去秋入京

奄更十月數接家信云臣母自臣遠離膝下哀痛彌侵
晝夜思臣流涕無已雙目昏眊垂至失明臣仰圖報君
俯迫諗母欲留不可欲去未能瞻望
闕庭進退維谷乃於五月二十一日具呈吏部未嘗代
題臣孺切下情惟哀祈
君父查見行事例凡在京官員無以次人丁聽其終養
臣身爲獨子與例正符伏願
皇上特沛恩慈許臣遄歸扶養其母叨沐
聖澤以終天年臣母殘病餘生統由再造臣母子啣環
鏤骨竭畢生而報國方長策名有日益圖力酬知遇務

展涓埃矣疏上有
旨放歸吳江鈕琇謂
本朝兩大文章葉方伯映榴絶命疏與因篤陳情表也
後奉母家居晨夕不離左右鄉人稱其孝焉其學以朱
子爲宗時二曲提唱良知關中人士皆從之遊二曲與
因篤交最密晚年移家富平時相從過各尊所聞不爲
同異之說君子不黨其二子之謂乎平生尚氣節急人
之難亭林在山左被誣陷因篤走三千里至日下泣訴
當事而脫其難性伉直面斥人過與毛奇齡論古韻不
合奇齡強辯因篤氣憤填膺不能答遂拔劍斫之奇齡

駭走當時相傳爲快事或曰因篤性剛非君子也予曰無欲則剛人之所難故聖人有未見之歎子之言過矣因篤詩文出唐入宋乃一代作者有壽祺堂集行於世

孫若羣

孫若羣淄川人學贍品端言動有則鄉里稱爲小聖人早歲成進士謁選京師任少司寇克溥延之課子坐不易床食不兼豆雖盛暑亦衣冠危坐如見大賓司寇知其二子憊童子試時山左學使與司寇交善將爲之地而不知二子名屢欲問之憚其嚴終不敢發若羣寡言語然有問難者則指畫談議滔滔不絕評隲人文務愜

其隱竆通壽妖皆能以文決之康熙癸丑出爲交城知縣遣其子歸淄就昏去後見其近作制藝嘆曰吾子其不反矣歸家數日竟無故自縊死治交多異政秩滿遷四川某州知州卒於官

張沐

張沐字仲誠上蔡人順治十五年進士除直隸內黃縣敦教化重農事注六諭敷言反覆譬喻雖婦孺聞之亦憬然改過也朔望集諸生講學明倫堂勉以聖賢之道在官五年坐事免復以薦起知四川資縣治資如內黃一載告歸從百泉游初湯文正道出內黃與語大悅寄

書百泉稱其任道甚勇求道甚切及入京文正與人書又云仲誠脚踏實地學以主敬爲功治易有心得當代眞儒也後主游梁書院晚闢白龜圃以教學者時人咸稱爲上蔡夫子云

竇克勤

竇克勤字敏修柘城人少勤學讀書恆至夜半比長治五經聞耿介石傳百泉之學從之游居嵩陽六年遂契心宗介石名介登封人順治八年進士官至少詹事百泉之高弟子也克勤應京兆試獲雋謁湯文正公日夕請業文正謂師道不立由教官之失職勸克勤就教職

選泌陽教諭泌陽地小而僻人鮮知學克勤立五社學
置之師各設規過勸善簿月朔稽善過而勸懲之又立
童子社學授以孝經小學次及四書五經暇則讀書雖
饘粥不繼宴如也康熙十七年成進士選庶吉士丁母
憂歸于柘城東門外建朱陽書院倡導正學服除入京
授檢討一日
聖祖命諸翰林院作楷書克勤書學宗孔孟治法堯舜
而其要在愼獨十四字以進
聖祖覽而器之尋以父老乞歸著有孝經闡義事親庸
言切於內行卒年六十四

劉原淥

劉原淥字崑石安邱人明末盜賊蜂起原淥與仲兄某率鄉人壘土爲堡以禦賊賊至守堡者多被創死仲兄出鬬身中九矢力戰原淥從之發數十矢矢盡仲兄麾之去原淥大呼曰離兄一步非死所乃舉刀斬二渠帥獲馬六匹賊遁去亂定以力耕致富旣而推膏腴與仲兄以其餘爲長兄立後兼贍亡姊家於是謝人事閱道書求長生久視之術寢食俱廢得咯血疾遂棄去後讀宋儒書乃篤信朱子之學集朱子書作續近思錄嘗曰學者居敬窮理二者皆法文王而已矣小心翼翼昭事

上帝居敬之功也不識不知順帝之則窮理之功也每五更起謁祠後與弟子講論常至夜分仲兄疾籲天祈以身代兄死三日內水漿不入口又爲鄉人置義倉儉歲賁粥以食饑人嘗曰人與我一天而已何畛域之有焉卒年八十二

姜國霖

姜國霖字雲一濰縣人生有至性父客燕中感病國霖往省跣走千里至則父已歿無錢市棺以衣裹尸負之行乞食歸里泣告族黨曰父死不能斂又不能葬欲以身殉又有老母在長者何以教我人憐其孝爲捐金以

葬母喜怒一日怒甚國霖作小兒嬉戲狀長跪膝前持母手披其面母大㕭自是不復怒時年五十矣師事昌樂周士宏嘗與雲一至莒樂其山川遂移家昌樂死而葬焉國霖築室墓側安貧守素不求于人値歉歲三旬九食莒人恐其餓死聞于官而周之粟亦弗却也昌樂閻循觀問國霖喜讀何書曰論語終身味之不盡予年四十始能不以貧富攖其心五十始能不以死生動其心其自述如此循字懷庭年十八舉于鄉初喜讀西方書後覽朱子大全集乃專志洛閩之學少孤及長春秋家祭哀慕泣下乾隆三十四年成進士授考功司主事

持大體不阿附上官衙中會食必四五簋循觀獨懷餅食之同僚哂其儉曰性能粗糲非矯强也一同年友爲外官遺之金不受曰忝居此職不敢受且不可以貧累君也未幾引疾歸卒于家循觀之友有韓夢周者字公復濰縣人乾隆二十二年進士其學以存養省察致知三者爲入德之資躬行士也後爲萊安縣有政聲長洲彭進士紹升稱其治萊如元魯山

孫景烈

孫景烈字　號酉峯武功人早歲舉于鄉爲商州教官勤于課士不受諸生一錢雍正年間巡撫蒲坂崔公

以賢良方正薦授六品銜乾隆庚午陳文恭公撫陝奉
旨舉經明行修之儒將以景烈名入告先是二年已未成進士明年授檢討以言事忤
旨放歸景烈深自韜晦乃以賦性拘墟學術膚淺固辭主講關中書院蘭山書院教生徒以克己復禮居平雖盛暑必肅衣冠韓城王文端公爲入室弟子嘗語人曰先生冬不爐夏不扇如邵康節學行如薛文淸又曰先生歸籍三十年雖不廢講學獨絕聲氣之交爲關中學者宗有自來矣

記者曰自孫奇逢以下諸君皆北方之學者也北人質

直好義身體力行南人習尙浮誇好騰口說其蔽流於釋老甚至援儒入佛較之陸王之說變本加厲矣北學以百泉二曲爲宗其議論不主一家期於自得無一語墮入禪窟卽二曲雖提唱良知然不專于心學所以不爲禪言不爲禪行也刁王諸子亦皆敬守洛閩之教者豈非篤信志道之士哉

國朝宋學淵源記下

甘泉江　藩輯

劉汋

劉汋字伯繩山陰縣人忠介公宗周之子也忠介家居講學弟子中有未達者問於汋答問如流無滯義共相敬服及忠介聞國變絶食死唐魯二王皆遣使致祭蔭以官辭曰敢因父死以爲利旣葬杜門不出絶人事副使王爾祿故忠介門生以白鏹三百兩請刊忠介遺書不受語來伻曰幸爲我辭出處殊途毋苦相強忠介欲著禮經考次一書屬汋撰成處小樓中日夕編纂以夏

小正爲首篇而附月令帝王所以治歷明時也次丹書而附王制正已以正朝廷百官萬民也於是原禮之所由起而次禮運焉推禮之行於事而次禮器焉驗樂之所以成而次樂記焉然後述孔子之言次哀公問次燕居閒居坊記表記設爲祀典次以祭法祭義祭統大傳施於喪葬次以喪大記喪服小記雜記申以曾子問檀弓奔喪問喪終之以間傳三年問喪服四制而喪禮無遺矣君子常服深衣雅歌投壺不可不講也則次以深衣投壺男女冠笄婚姻所有事則次以冠義昏義而鄉飲酒義射義燕義聘義合三十篇謂之禮經別分曲禮

少儀內則玉藻文王世子學記七篇謂之曲禮垂老未卒業其子茂林始克成之著書之暇談論惟史孝咸惲仲升數人而已或勸之舉講會不應戒其子曰若等當常記憶大父遺言守人譜以終身足矣人譜忠介所著書也病時所卧榻乃假之祁氏者强起易之曰豈可終於假人之榻耶門弟子私諡曰貞孝先生惲仲升號遜菴壽平之父黃宗羲以仲升爲蕺山門下第一人其事蹟莫詳或曰魯王監國時授職爲監司兵敗後薙髮於靈隱寺久之携子歸毘陵反初服云

韓孔當

韓孔當字仁父沈求如之弟子其學以名教經世嚴於儒佛之辨家貧未嘗向人稱貸每言立身須自節用始出陸梭山居家制用一編示學徒與人講學反復開導人有過於講學時以危言動之而不明言其過聞者內愧沾汗也疾亟謂弟子曰吾于文成宗旨覺有新得然檢點于心終無受用小子識之味其言則知其學不尊文成而尊朱子矣

邵曾可

邵曾可字子唯與韓孔當同時皆餘姚人也爲人以孝弟爲本少愛書畫一日讀孟子伯夷聖之淸者也句忽

有悟悉棄去壹志于學時初立姚江書院里人多哄之曾可曰不如是虛度此生遂往聽講主講者爲史孝咸曾可師事之其初以主敬爲宗自見孝咸之後專守良知嘗曰於今乃知知知之不可以已日月有明容光必照不爾日用跬步鮮不貿貿者矣孝咸病晨走十餘里叩牀下省疾不食而反如是月餘亦病同儕共推爲篤行之士焉

張履祥

張履祥字考父桐鄉人明季諸生幼孤貧不能就外塾其母受以四子書及長從劉忠介公游嘗書所得呈質

忠介可之明亡教授里中著經正錄自敘云天之恆道民實秉之存亡顯晦而治亂以分由古道今百世無忒也故綱常者經世之本父子君臣之道得而國治猶恆星不忒而五氣順布四時序行也邪慝生於心則禍亂中於世殆非朝夕之故矣極陰生陽無往不復有開必先非學不爲功竊取反經之義輯舊聞舉其要以端其本云云居鄉躬耕習于農事著補農書以爲學者舍稼穡別無治生之道能稼穡則無求于人而廉恥立知稼穡之艱難則不敢妄取于人而禮讓興廉恥立禮讓興而世道可以復古矣又著有楊園備忘錄其學以鹿洞

爲宗蓋蕺山見姚江末學流於禪言禪行作人譜以正其失履祥傳其學故所著之書切于日用是時主講者多不務己徒騁口辯深疾其所爲不敢亢顔爲師來學者一以友道處之履祥頗能詩秀水朱彝尊稱其詩無頭巾氣云

朱用純

朱用純字致一崑山人父集璜貢生

大兵下江南城破不屈死用純痛其親之死取王裒攀柏事自號柏廬其學以主敬爲程長洲徐枋屢以書問學答曰竊觀吾兄酬應人倫微喜諧謔雖無損大節要

非君子所宜爲何者書云德盛不狎侮身狎侮其職不修心狎侮其體不立孔子曰修己以敬己非外人物而爲孤子之己修亦非外人物而爲偏寂之修故一修己而人安百姓安矣若視他人一分可忽便是自己一分學力未到蓋聖賢實見人之與我此心同此理同吾無可驕于彼彼無可爲吾所忽者夫婦之愚不肖可以與知能及其至也雖聖人亦有所不知不能夫又何可忽乎哉夫又何可忽乎哉狎侮之心畢竟起于忽人忽人之心畢竟起於不自修未見自修之至而猶恐忽人者也此溫恭克讓所以爲堯之德溫恭允塞所以爲舜之

德也枋又言先須發悟而後可以言學用純曰聖賢之道不離乎事事物物即事事物物而道在即事事物物而學在苟欲先得乎道而後言學則離與事物而二之亦析學與道而二之矣朱子曰人須是博學審問愼思明辯篤行然後可到易簡地位若先以易簡存心便入異端惟即事物而達簡易之理故應天下之事接天下之物不覺其煩難若舍事物而求簡易則雖應一事接一物便覺煩難不勝分錯聖賢之學無過一敬敬猶長隄巨防滴水不漏敬之至也一敬而天下之理得天下之能事畢變通鼓舞盡利盡神希聖希天之學俱在於

是用純居平晨起謁家祠誦孝經置義田贍宗族友愛
諸弟白首無間康熙十八年
詔舉博學鴻儒有將以用純薦者力却之有司舉鄉飲
大賓亦弗應其教生徒先授以近思錄次以四子書每
歲孟春率生徒行釋奠先師禮將事後講書一章以誠
意啟沃人心又恐學者空言無實作輟講語反躬自責
言多深切鄉里重其學行世傳家訓乃用純之文世人
不知誤爲文公所作卒年七十二卒之前三日設先人
位拜于中堂起顧弟子曰學問在性命事業在忠孝勉
之著有愧訥集大學中庸講義行於世無子以弟之子

導誠嗣徐枋字昭法明史有傳

沈昀

沈昀初名蘭先更名昀字朗思仁和人前明諸生劉忠介之弟子也明亡教授里中嘗絕糧采階前馬藍草爲食客有餽米者不受客固請昀固辭推讓良久昀饑且憊遂仆于地客乃駭走既而蘇徐起笑曰其意可感然適以困老人耳忠介卒後傳其學者互相爭辯曰道在躬行徒以口舌爭非先所望於吾曹也以喪禮久廢輯士喪禮說授弟子陸寅疾亟人問曰此時何似曰知誠敬而已沒後貧無以斂友人應撝謙經紀其喪爲之溯

泣不食或問之曰吾不敢輕受聘以辱先生撝謙之徒姚敬恒趨而前曰如敬恒者可以歛沈先生乎曰子之篤行乃沈先生所許也可矣敬恒乃歛而瘞焉

謝文游

謝文游字秋水南豐人明季諸生時天下大亂慨然有出世志入廣昌香山爲浮屠氏之學好大慧和尚書學佛益力後得餘姚龍溪書讀之大悔前此之非遂于友生講于新城之神童峯有王聖瑞者力攻陽明與之辯論累日不能勝退而爲之心動又讀羅整菴困知記遂專力程朱闢程山學舍顏其堂曰尊洛著大學中庸切

已錄以爲爲學之要畏天命一言盡之矣聖人一生戰
兢惕厲曰顧諟天之明命曰上帝臨汝無貳爾心曰昊
天曰明及爾出王昊天曰旦及爾游衍無非畏天命之
心法學者注目而視惟此傾耳而聽惟此稍有一念之
私急須痛悔刻責速自洗滌無犯帝天之怒工夫既久
人欲淨盡上下同流樂天境地可得而臻也時寧都易
堂九子星子髻山七子以文章氣節名髻山宋之盛過
訪文游見其學行醇粹遂約易堂魏禧彭任會講程山
咸推文游篤恭行識道本康熙二十年得疾自爲墓志
卒

應撝謙

應撝謙字嗣寅仁和人早歲能文章尙氣節與虞畯民張伏生蔣與恆諸子結社講學因東林之後幾復二社以詩文制藝號招南北知名之士非顧高二君之志也於是絶聲氣之交獨究性命之旨故名其社爲猨社康熙十八年以博學鴻儒徵稱疾不行大吏促之輿牀詣有司驗疾乃得免海寧知縣許某請主書院兩造其廬不見既而曰是非君子之道也乃棹小舟往謁令大喜曰先生其許我耶逡巡對曰令君學道但從事于愛人足矣彼滕口說者客氣耳令默然既出卽行弟子曰令

君必來去何急也笑曰令君好事必有所贈拒之則益其慍受之則非心所安也遂解維疾去同里姜圖南爲巡鹺御史歸贈撝謙金弗受一日遇諸涂方盛暑撝謙衣木棉衫圖南歸遺以葛二端且曰此非盜蹠物也撝謙却之曰吾昨偶中寒絺衣故在篋也其治經以實踐爲主坐卧小樓中一几一榻書籍之外別無長物終日端坐無疾言遽色遠近從學者甚衆里中一惡少年使酒好鬬忽求聽講許之聽講三日甚拘苦遂去使酒如故一日持刀欲殺人勢洶洶莫能沮忽見撝謙來遽失色刀墮于地撝謙以好語撫之曰一朝之忿何至於此

少年俯首謝過去自後與人爭傍觀者不能勸解紿之曰應先生來矣卽遁走所著書甚多以朱子爲宗陽明之說亦不致辯也

吳愼

吳愼字徽仲歙縣諸生篤行好學尤致力於宋五子書以誠敬爲宗故自號敬菴游梁谿時主東林書院者爲高世泰字彙旃忠憲公之從子也恪守家法春秋釋奠畢升堂卽席以次開講威儀肅然莫不歛容欽聽愼與施璜無錫張夏同受業焉後歸歙會講紫陽還古兩書院四方來學者甚衆老於家著有周易粹言大學中庸

章句翼行于世

施璜

施璜字虹玉休寧人初爲舉業詣府應試入紫陽書院聽講瞿然曰學者當如是矣遂棄舉業發憤志於道自梁谿歸紫陽還古兩處會講首推璜璜先期齋戒至開講日肅衣冠升座以誠感人教學者以九容養外九思養内以造於自得學者翕然宗之在東林時將歸與世泰約某年某月日來赴講會及期世泰設榻以待或曰千里之期能必信乎曰施生篤行君子也必如約如失信不至吾不復相天下士矣言未終而璜挈其子至矣

著有思誠錄小學近思錄發明等書

張夏

張夏字秋紹隱於菰川孝友力行初受業於馬文肅之門後入東林書院其學先經後史博覽强記而歸本修齊高世泰歿後主東林講席湯文正爲江蘇巡撫至書院與夏講學韙其說邀至蘇州學宮講孝經小學退而著孝經解義小學瀹注又考先儒書著洛閩原流錄卒年八十餘

彭瓏

彭瓏字雲客號一庵蘇州衛籍早歲補庠生有文名順

治初結愼交社始則宋穎實弟兄三人及尤侗汪琬吳敬生七人而已後遠近聞風入社者不可勝紀年近四十貢入成均

廷試以知縣用不就順治十四年順天鄉試舉人十六年成進士選惠州長寧縣縣城在山中僅五里前假令貪而酷民甚苦瓏至去苛政與民休息自書楹柱云厥田下下惟願減賦輕徭汔五都之小息白我居居庶幾飲冰茹蘗偕百姓以長寧數月後訟簡民安訟庭稀鞭朴聲以廉直忤知府又與前假令有隙乃合謀誣陷遂罷官歸初瓏好佛又喜道家言至六十餘得梁谿高顧

二家書讀之始潛心儒術一以主敬律身嘗謂其子定求曰吾始泛濫涉獵好語渾同所謂騎墻耳寧有當乎學至窮神達化而終歸于一矩故知居敬窮理之功不可須臾懈也尚何敢曠逸之躭馳騖之役乎于是悉屏平生所玩物署所居曰志矩齋端坐其中陳四子書五經及宋儒諸書尋繹點注夜以繼日自稱信好老人集諸生課八股文引而進之於道弟子著錄者百有餘人或曰公何自苦曰吾不忍使後生之無聞也湯文正知瓏學嘗稱之

聖祖前文正卒瓏爲之出涕曰不復見正人矣吳曰

文正祠歲時伏臘必至其祠瞻拜盡禮卒年七十又
弟子私諡曰仁簡先生子定求字勤止康熙十二年舉
人十五年會試
廷對皆第一官至國子監司業定求孫啟豐字翰文雍
正四年舉人明年會試
殿試亦皆第一官至吏部右侍郎彭氏在明時仕不過
七品自瓏以後一門鼎貴爲三吳望族瓏治家整肅至
今子弟恪守庭訓不踰規矩有萬石之遺風江南世祿
之家鮮克有禮當以彭氏爲矜式焉

高愈

高愈字紫芝無錫人忠憲公之兄孫也十歲讀忠憲遺書卽有向學之志後補弟子員不事帖括日誦經史謹言行嚴取舍嘗曰士求自立須自不忘溝壑始事親孝父晉侯嗜酒每食必具酒肉出就人飲必遣僮往候已立道左俟父出趨而扶掖歸先後居父母喪不內寢不飲酒食肉有兩兄皆歿撫其子女爲之昏嫁家有田數十頃性好施予所入錢穀隨手輒盡晚年坐是大困嘗啜粥七日尙挈子登城遠眺可謂貧而樂矣張淸恪撫吳日檄有司延主東林講席以羸疾辭有司饋以椵皮不受平居和易近人以巽語道子弟不加訶斥終日靜

坐不欠伸當暑不裸跣與人食不越簋下箸里人有忿爭者至愈前輒慚愧而去時縣中講學者好以道學相攻擊獨於愈皆曰君子人也著有周禮朱子小學注乾隆中督學尹會一以小學注頒行於學官使諸生習之

顧培

顧培字昀滋無錫人少多病其母憂之命棄舉子業事胎息導引之術行之有效後從宜興湯之錡問學皤然改曰道在人倫庶物而已甚矣哉吾向者之自私也之錡勉有弟子金敞傳其學培築共學山居以延敞晨夕講貫守高忠憲靜坐之說於默識未發之中悟性善之

旨四方來學者甚衆春秋大會於山居復行忠憲七規有請益者教以默識大原貫體倫物七日後釋奠先師習禮歌詩歲以爲常張清恪公詣東林講學疑靜坐非入德之方培暢忠憲之旨往復千言清恪不能難也

錢民

錢民字子仁嘉定人早孤年十三棄書學賈性拘謹言動以禮數爲鄉里所侮慨然曰世多妄人求其不妄者惟聖人乎聞青浦有孔子衣冠墓齋戒往祭願爲聖人之徒其夕夢一偉丈夫告之曰道之不明由後儒之說亂之也子欲爲學屛

去漢以後書其可矣既歸始取四子書讀之題所居曰存養反觀克己日有啟發陸清獻公知嘉定從之講學又五年清獻在籍往平湖見之清獻與之語多不合怪問其所由曰公從朱子入民從

孔子入耳嘗與友人書曰先聖之學貴乎本末兼盡始終有序大學所謂知本者作聖之基也誠正者作聖之功也中庸所謂尊德性先也本也道問學後也末也卽物窮理其病在于無本六經注我其誤在于無末論語曰君子務本本立而道生朱子以爲學者不可厭末求本教人但學其末是所謂其本亂矣本亂而求末之治

豈可得乎此未合乎大學也孟子曰堯舜之知不徧物中庸曰雖聖人亦有所不知焉朱子教初學者卽責以知盡而後意可誠又云格物者窮事事物物之理致知者知事事物物之理如此則意之惑亂滋甚又安可得而誠乎且堯舜之知不能徧物況初學乎此未合乎孟子也又言今之學者不知追求孔孟之實而紛紛焉爭朱陸之異同是謂舍己田而芸人之田終亦必亡而已矣培之說以經注經頗得經旨卽物窮理其病在于無本六經注我其誤在于無末二語可謂破的之論辨朱陸之異同者何嘗見及此哉

勞史

勞史字麟書餘姚人世爲農少就塾讀書長而力耕以養父母夜則披卷莊誦讀朱子大學中庸序慨然以道自任又讀近思錄數過起立設香案稽首曰吾師在是矣史以爲天之命我者若君之詔臣父之詔子一廢職卽膺嚴譴一墜家業卽窮無所歸可不愼哉引接後學委曲盡誠傭工下隸皆引之向道曰盡汝分所當爲務實作去終身不懈卽是賢人勿自棄也聞者莫不憬然其德化於鄉里商賈不鬻僞物有爭鬭者多携酒登堂求辯曲直史巽語解紛無不帖服卽芻兒牧竪亦服其

教不事戲弄一鄉之中有洙泗之風焉弟子桑調元自錢塘來謁論學數日臨行送之曰我壽不過三年恐不復相見矣後三年九月語弟子汪鑒曰今月某日吾其逝乎遂徧詣親友家飯與老者言所以教與少者言所以學令家人治木飭喪事死之前一夕趣具湯沐至期而歿著有餘山遺書調元所刻也鑒餘姚人父死於雲南鑒護喪歸至漢川遇大風舟且覆抱棺大哭誓以身殉忽風回得泊沙渚衆呼爲孝子爲人尚氣節史戒之曰英氣客氣也其以問學融化之史之歿也鑒實左右焉

朱澤澐

朱湘陶名澤澐寶應人早年力學得程氏分年日程卽次讀之閱數年而畧徧更涉獵天文輿地諸書窮竟原委久之始志于道讀朱子語錄有得嘗言世之名朱學者其居敬也徒矜持于言貌而所爲不覩不聞者離矣其窮理也徒汎濫于名物而所爲無方無體者昧矣于是有舍德性而言問學以爲朱學固如是者不知從來道問學莫如朱子尊德性亦莫如朱子觀朱子中和之說其于中庸之旨深乎故知居敬窮理只是一事窮卽窮其所存之心存卽存其所窮之理初非有二也雍正

六年
詔公卿各舉所知澤澐同邑之劉師恕爲直隸總督知
澤澐之學行欲薦于
朝作書與其弟使先爲道意弗應晚年得脾疾然猶五更起觀書至夜分不倦疾甚吟康節詩曰任經生死心無異雖隔江湖路不迷命家人治後事別親友卒

向璿

向璿字荊山山陰人少攻八股文年二十餘居母喪始閱性理書一日讀孟子人之所以異於禽獸者幾希瞿然曰吾其遂爲禽獸乎切己悔過心不寧者數月時有

王行九者文成之裔也開講良知之學璿往請業聆其言心有所得以書問難往復者再遂致力于王氏之學爲輔仁會赴會十有餘人每月朔一舉威儀進止咸中規矩里人目以爲癡璿作癡人傳其文以游戲出之非居敬之道玆不錄璿爲王學有年後讀程朱書心竊疑之偶于書肆中得高忠憲公年譜讀之遂盡棄其學而學焉謹守雒閩諸書與其徒辯析異同著志學錄明其學一本程朱不雜以異說嘗言事事反躬刻刻畏天不畏天便是罪過一事不反躬便涉怨尤故其平日雖小過亦自責甚嚴日之所爲夜必告天其弟子有黃良其

程登泰艮輔字序言亦始宗王學後歸程朱能文章登泰字魯望侍父病勞瘁得咯血疾人稱爲孝子疾劇尚讀書不輟人止之曰死命也以學死不愈于徒死乎二人皆山陰人也

黃商衡

黃商衡字景淑改名商衡長洲人黃孝子農之遺孤也節母金氏課商衡夜讀常至雞鳴時流涕述先人志行以勖之家貧或勸之使商衡學賈曰命當貧改業能富耶吾不忍墮先人志也商衡承母志益刻苦于學夜寢刻香繫鐵錘下承銅盤香盡錘墮繫盤鏗然作聲即起

覺起讀所爲文詞深理奧因此久困童子試陳勤恪公
知蘇州府試閱其文曰深入顯出非熟讀宋五子書者
不能作此文拔置第一院試不獲雋年四十餘始補弟
子員遂無意功名日讀先儒性理書尤好蕺山人極圖
說推衍其義貫以論語大學中庸及横渠朱子之緒輯
爲一書題曰困學録自命爲又次學人先是孝子卒于
康熙二十一年雍正元年
詔訪窮簷苦節節母年十七而寡歿於雍正二年五十
餘年矣例合請
旌時沈公德潛爲諸生與其友數人請于大吏具以聞

得邀
旌典至乾隆六年其父復以孝子
旌謀建孝節坊擇日奉主入忠孝祠遽得疾強起拜送
尋卒

任德成

任德成字象元吳江府學生篤于儒行奉朱子白鹿洞規因集自漢及明先正格言與洞規相發明者合爲一書名洞規大義以明先後一揆之旨居鄉勤施濟置社倉創鄉塾濬蕩頃江達之太湖里中無水患有司以聞
賜八品服年饑煮粥食餓者鄉人德之一夕步于庭有

偷兒方踰垣下見德成驚欲竄走徐語之曰子毋恐得無患餒乎吾與子米手量一斛給之曰此危道也愼勿更爲其人叩頭負米去乃徧告其黨相戒勿竊任氏其言頗聞于人于是同里津津傳述焉而德成未嘗語人也雍正初

詔舉賢良方正鄂文端公爲布政使欲薦德成固辭乃巳乾隆三十七年八十九十月得疾誡其子曰勤讀書勉爲善守此兩言可矣遂吟康節詩云俯仰天地間浩然無所愧吟罷而逝後

詔採天下遺書其家以所著書上之四庫館

鄧元昌

鄧元昌字慕濂贛人也少爲諸生有文名後得宋五子書讀之曰今而後始知爲人之道矣出入禽門而不知省哀哉遂棄舉子業致力於學雩都宋昌圖以通家子往謁與之講論大喜曰吾小友也館昌圖于家晨夕論學爲日程言動必記之互相攷核有兒聱而頑大小事必告而行後母性暴而刻每怒元昌長跽請罪必釋乃已後母弟及弟婦元昌待之甚厚弟死有子婦泣請于元昌曰感伯之德誓不他適願苦守撫孤兒元昌亦泣拜之自是不入內處携其子寢于中堂課其子與弟之

子後皆成立元昌有田在城南秋成視穫見貧人子拾
秉穗者招之曰來女無然我教女讀能背誦者我與女
穀羣兒爭趨之始教以識字既使諷章句又以俚語譬
曉之羣兒踊躍受教卒穫時羣兒號曰先生將歸矣奈
何至有泣者嗣後規穫羣兒來學以爲常城南人無少
長皆曰我鄧先生見有衣冠問元昌者則曰我先生客
也不敢慢市井人見元昌來必起立俟其去始就坐其
至誠感人也如此

記者曰劉汋以下皆南方之學者也夫道學始於濂溪
而盛於洛閩自龜山關書院以講學於是白鹿鵞湖相

繼而起逮及明時講席徧天下而東南尤甚至
本朝其風衰矣爰考厥初其講學皆切於身心性命之
旨自道南東林以還但辯論朱陸王之異同而已是爲
詞費是爲近名即以洛學而論同時康節別立一幟然
二程不非邵邵亦不非程也朱陸之主敬主靜及論尊
德性道問學之互異亦各尊所聞各行其志而已初未
嘗相爭相競也惟太極無極之說遺書往來辯難不置
此乃教學相長之義豈務以詞勝者哉昔朱陸會於白
鹿象山講君子小人喻於義利章聽者泣下朱子深爲
嘆服謂切中學者隱微深痼之病象山云青田亦無陸

子静建安亦無朱元晦觀二子之言可見其廓然至公
無一毫私意存乎中矣陽明之學不過因陸子之言而
發明之其後爲主學者遂視朱子爲仇讎朱學之徒又
斥陸王爲異端而攻擊者并文成之事功亦毀之甚至
謂明之亡不亡於朋黨不亡于寇盜而亡于陽明之學
術吁其言過矣藩詮次諸君子於嘵嘵辯論三家之異
同者槩無取焉

附記

甘泉江　藩輯

沈國模

沈國模字求如明季餘姚諸生爲文成之學嘗與劉忠介公證人講會歸而闢姚江書院與管宗聖史孝咸史復講明良知之說與山陰祁忠敏公友善忠敏以御史按江東一日杖殺大憝數人適國模至欣然述杖殺人事國模瞠目字祁曰世培亦曾聞曾子曰如得其情則哀矜而勿喜乎後忠敏嘗語人曰吾慮囚必念求如言恐倉卒喜怒過差負此良友也崇正末屏處石浪明亡

聞忠介死節爲位痛哭順治十三年死于石浪管崇聖字霞標餘姚人崇正十四年卒

史孝咸

史孝咸字子虛餘姚人國模歿後繼主姚江書院嘗曰良知非致不眞又曰空談易對境難居處恭執事敬與人忠精察力行之其庶乎家貧日食一粥泊如也其學以覺悟爲宗崑山葛瑞五參學有得通書孝咸復之曰人生惟此一事足下旣于此有省良可慶幸深望百尺竿頭進步否則萬絲一縷亦能絆人也卒于順治十六年

王朝式

王朝式字金如山陰人國楨之弟子嘗與證人社忠介主誠意朝式守致知曰學不從良知入必有誠非所誠之蔽由是會者往往持異同從忠介學者多以沈史爲禪學忠介嘗致書朝式其略曰僕生也晚不及事前輩老師大儒幸私淑諸人于吾鄉得陶先生學有淵源充養自得每與講席積痼頓開退而惘然失所懷也其他若求如之斬截霞標之篤實子虛之明快皆僕自忖以爲不可及者不問其爲儒與禪也至足下志願之大骨力之堅至之以不止成就正未可量亦不暇遽問其爲

儒與禪也然而世人悠悠不能無疑曰諸君子言禪言行禪行律禪律何以道學爲諸君子自信愈堅世人疑之愈甚今將永拒人于流俗不得一聞聖人之道是亦諸君子之過也傳有之中道而立能者從之諸君子誠畏天命憫人窮有溥濟一世之願盡一世之人納之大道闡陽明之室接孔孟之傳則必迹去就之際宜必有以自處矣若止就一身衡量諸君子既已自信矣亦安往而不可乎然僕有以知足下之必爲彼而不爲此也忠介所稱陶先生陶奭齡也朝式得書亦不辯亦不愠崇正十年浙中大饑朝式入嵊賑粟全活甚衆時天下

大亂將走四方求奇傑之士謀治安戰守之策不果行尋卒年三十八朝式卒之年月無可考大約在順治初也

薛香聞師

先生諱起鳳字家三少孤依舅氏廣嚴福公公本滕縣諸生厭棄世法出家傳磬山宗住揚州法雲寺寺有謝太傅祠謝氏子孫欲占爲己産倚勢鳴官福公見逐居吳下隱於卜得錢養先生從師讀福公即吳人所稱不二和尚也間與先生論出世法輒解悟乃大喜曰末法衆生不識心原儒佛互爭子欲見儒者身說法要以見

性爲宗誠能見性何儒佛之有先生之學出入儒佛所由來矣先生少爲長洲縣學生與余古農師汪孝廉元亮同學爲古文詩歌見稱於時日夕讀書損一目

高宗南幸紫陽書院山長以先生名聞於大吏强先生應

召試呈獻詩中有范甯中年眼暗侵之句山長令改之不可庚辰舉于鄉文名益著來學者甚衆嘗誨人曰作聖之基當从誠意始此心本無所染意不誠則有汙矣須知此心染汙不得能識子在川上舜居深山時氣象則取之左右逢原矣或有問輪回之說者曰精氣爲物

游魂爲變二語盡之矣藩從先生受句讀方十二齡即
諭以涵養工夫一日藩怒叱僕人先生婉言開導曰讀
書以變化氣質爲先女如此氣質尚能讀書乎況彼亦
人子也爲女役者逼于饑寒耳方哀矜之不暇忍加訶
責耶後主沂州書院得疾歸篋之不吉書紙尾曰勿起
妄心勿生妄見修行懺悔時哉時哉尋卒先生天性純
厚雖居貧常周人之急姊家負人責百金未卒前數日
出金代償之人以爲尤難也

羅有高

羅有高字臺山瑞金人生而奇偉年十六補諸生明年

寓雩都蕭氏別業徧讀所藏書心慕古昔豪傑之士習
技勇讀兵書視同舍生蔑如也久之人有道雩都宋道
原爲宋五子之學君子也有高聞而心動遂往見之自
述其所學道原不以爲然有高負氣爭辯道原曰子少
安毋躁吾語子昔張子見范文正公言兵法公勿善也
授以中庸足下兵法自問如張子否卽便如張子亦非
儒者所尚況未必如張子乎天生烝民有物有則視聽
見言思物也明聰恭從睿則也能全是理而後能有其
身能有其身而後閨門順敘而家齊達而行之若有原
之水有根之木滂沛條暢無湮塞夭札之患及其成也

身亨而道泰致足樂也今察足下氣浮而言疾神明擾擾常若有營以此入世得免刑戮不累父母兄弟幸矣尙求有濟於天下乎有高聞言汗流浹背舌縮肢攣無地自容久之請曰何以教我曰子歸而讀先儒書有餘師又出所作持敬主一二銘示之曰力爲之于是棄所學而學焉尤喜明道象山陽明念菴之書旁推曲證頗多心得後謁雷寗化受業門下每有陳說雷公曰子太聰明如水銀潑地吾懼其流也乾隆二十七年舉優貢生遂入

京師三十年應順天鄉試出彭芝庭先生之門與彭公

子尺木居士友善屢至吳門主其家同修淨業閉關七旬讀首楞嚴參究上乘嘗言東西二聖人權實互用門庭迥別其歸宿名相離言思絕一且不立二復何有性自證者知之非可以口舌爭也性喜出遊常之廣東客恩平縣李文藻官舍又見戴東原太史於

京師始撿注疏及爾雅說文解字諸書爲訓故之學有釋蠹一篇文煩不錄三十七年會試報罷後游宜黃有余子安者館之石蹬山僧舍日誦華嚴經修念佛三昧尋至揚州高旻寺主僧貞公照月門風甚峻屢呈見解不許曰此是口頭學得何關本分詰以古德機鋒不答

對乃發憤入禪室隨衆起倒晝夜參究居半年積疑頓釋遂辭去偕同參僧度錢塘又之寧波主同年友邵洪圖家度海上落伽山禮大士已而至吳下與尺木居士游太湖洞庭樂石公之勝賃僧舍居之未幾又至寧波有高自謂解脫然名心不死又與海圖入京應試不獲雋得末疾復至吳下疾大劇踉蹌歸甫抵家而死汪愛廬師讀其與法鏡野論春秋書評曰上帝臨壇萬靈拱肅世尊下降諸天震動尺木居士謂有高奮乎百世之下希三代之英可謂豪傑之士又稱其文華梵交融奏刀砉然傾倒至矣昔日與友人程君在仁挑燈道故程

君曰羅先生可謂天下第一學人予曰爲宋儒之學不及道原歸西方之教不如照月肆訓詁之學不如戴太史文則吾不知也又曰其學佛猛勇精進必往生淨土予曰人之所以學佛者爲了生死耳閉戶參究回光反照卽可以了矣何事僕僕道路爲亦可謂疲於津梁矣當鐘鳴漏盡之時尚不知反幾死道路危哉且屢上公車求一進士而不可得名利之心甚熾而能了不染之心耶淸淨世界中一朶蓮花豈容此凡夫趺坐其上在仁又述其在奉化西峯寺事云一日出白金易泉金甚夥縣役疑其爲盜捕之手仆三人餘皆逃去尋自詣縣

令升堂見之叱使跪不應詰其姓名不答覊之告成寺
邵海圖聞其事白於縣令釋之能禦强暴豈非豪士哉
予笑曰此妄人之所爲也當縣役捕時曉之曰我羅舉
人非盜也卽不信同縣役詣縣自述顛末且可援邵海
圖以爲證其事卽解何必用武耶其在縣堂時縣令聞
其勇愈疑其爲盜所以叱之詰之何以不答豈亦將施
老拳於縣令耶幸有海圖在耳設海圖不知縣令横虐
竟肆桁楊因好勇鬬狠毁傷父母遺體不孝莫大焉少
有知識者尚不爲而學佛者爲之乎

汪愛廬師

先生諱縉字大紳吳縣諸生少孤程太孺人撫以成立幼入塾讀書性不善記年十六試爲文數百言立就其文在荆川百川之間至於發揮經旨涵泳道德唐方二家所不及也喜爲詩以陳子昂杜少陵爲則不二師見其虎印題壁詩詫曰此白衣大有根器後見寒山拾得詩喜其字字句句皆從性海流出於是以詩作佛事有空山無人水流花開之妙境非若王安石之句摹字擬也尤工古文人所不能言者能言之人所不敢言者能言之人所不能暢者能暢之人所不能曲者能曲之其出儒入佛之作則言思離合水月圓通有不可思議者

尺木居士許之曰噓氣成雲王光祿西莊云讀大紳文十州三島悉在藩溷間矣然而先生之志不在此也有詩曰消沈文字海萬古涕淋浪先生之志蓋在向上一義矣壯歲讀陳龍川文集慕其爲人思見用於世既而讀宋五子書又讀西來梵筴始悟其非謂趙宋以來儒與佛爭儒與儒爭轇葛紛紜莫能是正乃統其同異通其隔閡仿明趙大洲二通之作著二錄三錄以明經世之道又著讀書四十偈私記以通出世之法嘗謂藩曰吾于儒佛書各一字一句悟之十餘年始通者讀二錄三錄當通其可通者不可强通其不可通者尺木居士

謂先生之論儒佛一彼一此忽予忽奪似未深知先生者先生豈無權量於其間耶先生落落寡合往來最密者尺木居士一人而已曾主來安建陽書院以正學教諸生緣歲饑輟講歸又嘗應浙江賓學使聘挍試文非所好也歸而閉戶習靜不復應科舉作無名先生傳曰先生講學不朱不王先生著書不孟不莊先生吟詩不宋不唐先生爲人不狷不狂先生處世不圓不方復作歌曰先生有耳聽淸風先生有眼看明月先生有身而仙人先生有家山水窟先生于事無不有人欲說之壁挂口自述其孤往也如此以食廩歲滿貢太學未得教

官卒年六十八卧疾數日口不及家事索著畫兩匾曰好好而逝

彭尺木居士

尺木居士又號知歸子名紹升字允初大司馬芝庭公之四子也八齡躓于戶閾損一目早歲舉于鄉乾隆己丑成進士例選知縣不就生性純厚禀家教讀儒書謹繩尺初慕洛陽賈生之爲人思有以建白樹功名後讀先儒書遂一志于儒言儒行尤喜陸王之學及與薛汪二先生遊乃閱大藏經究出世法絕欲素食久之歸心淨土持戒甚嚴好作有爲功德鳩同人施衣施棺恤嫠

放生鄉人多化之修淨業後一切屏去惟讀古德書間作漢隸收弆金石文字嘗謂予曰朱子亦愛金石碑版此論語所謂游於藝非玩物喪志也治古文言有物而文有則熟于本朝掌故所著名臣事狀良吏述儒行述信而有徵卓然可傳於後世論學之文精心密意紀律森然談禪之作亦擇言爾雅不涉禪門語錄惡習其解大學格物訓格為度量本之倉頡篇宋以後儒者自撰詁訓豈知此哉其讀古本大學一首有裨于經傳文曰大學一書古聖人傳心之學也傳心之學明明德一言盡之矣親民者明德中自然之用非在外也民吾同體

親之云者還吾一體而已矣故下文不曰親民而曰明明德于天下心量所周蕩然無際民視民聽卽吾視聽民憂民樂卽吾憂樂如明鏡物無不鑑如太虛物無不覆是謂明明德于天下故曰一日克己復禮天下歸仁焉仁非在外也亦還吾一體而已矣至善者明德中自然之矩所謂天則也見龍无首乃見天則聖人以此洗心退藏于密所謂至也故道莫先于知止矣知者明德之所著察止外無知知外無止止外無知是謂知本知外無止是謂知至知至云者外觀其物物無其物物無其物是謂物格內觀其意意無其意意無其意是謂意

誠進觀其心心如其心心如其心是謂正心由是以身還身以家還家以國還國以天下還天下不役其心不動于意不殺于物是謂身脩家齊國治天下平而其機莫切于知本家國天下以身爲本而身以知爲本故反復于本末之辨而終之曰此謂知本此謂知之至也知本則知止知止則知至不其然乎雖然本末易知也知本矣而其功莫精于誠意蓋亂吾知者意也意之動而好惡形焉是不可得而遽泯也愼之于獨而已矣愼之于獨無有作好無有作惡而已矣如惡惡臭如好好色言無作也無作則無意矣心廣體胖此其徵也淇澳烈

文德之所被民不能忘一誠之所貫浹也所謂誠于中
形于外也何以誠之反之于獨而已矣反之于獨不昧
其知謂之自明用其極者自明之極本斯在是矣緝熙
敬止其功也仁敬孝慈信一止也極也大畏民志通天
下之志也意既誠矣知斯至矣知本之說也然則學者
宜知所以事心矣心本無所有所不可也本無不在有
不在不可也善事心者納之于一矩而已矣所謂正也
自身而家自家而國自國而天下納之于一矩而無不
修且齊焉治且平焉矩也者所謂極也至善也絜矩云
者卽本以知末止于知善明明德于天下之實也君子

先愼乎德反本而已矣彼好惡拂人之性者豈其性異人哉舍本而逐末卒爲天下僇本其可勿務乎故曰自天子以至於庶人壹是皆以修身爲本居士蓋本陽明之說而推廣之如意無其意心本無所語近於禪然其言爲學之次第知所本矣又有論語集註疑大學章句疑中庸章句疑孟子集註疑四篇居士深於陸王之學故於朱子不能無疑焉亦各尊其所聞而已乾隆四十九年大司馬卒後往深山習靜參究向上第一義自云當沉舟破釜血戰一番埽盡羣魔以還天明作參語示諸兒子久之又復家居尋卒

程在仁

在仁常熟人困童子試每試必更名無定名以字行深於史學尤精二漢書嘗謂魏收有史才陳壽沈約皆不及也艮庭江先生亟稱之喜談康濟之學以爲如有用我者可以立致太平豪氣勃勃不可一世從吳門老儒陸佩鳴爲師一日謂在仁曰我不足爲子師爲子擇師莫如汪君愛廬在仁聞之卽執贄門下盛稱其學汪先生曰昔朱子謂呂子伯恭喜讀史書所以心麤不能體認經書子之學去呂子十萬八千里而子之心已麤氣亦浮矣豈有心麤氣浮之人能讀書乎而能成功業乎

在仁瞿然下拜曰願受教乃取近思錄授之十日後問之曰省否曰不省又授以陸王之書久之又問之曰省未曰省曰前此何以不省也曰心不在腔子裏從此砥厲廉隅雖三旬九食不妄受人惠性孤冷不樂見熱客坐是益困矣假僧舍讀書徧閱大藏又得李卓吾紫栢書讀之感其遇爲之泣下嘗曰一僧一俗皆從悲憤流中來蓋引以自喻也後下榻予家樂與 先君子談論自悲身世不偶多憤激之言 先君子曰傳有之富貴在天雖一衿亦有定數子學儒學佛十有餘年胸中尚不能消秀才二字學道何爲退而告藩曰聞 丈言醒

醐灌我頂矣未幾歸海虞以貧病死

記者曰儒生闢佛其來久矣至宋儒闢之尤力然禪門有語錄宋儒亦有語錄禪門語錄用委巷語宋儒語錄亦用委巷語夫既闢之而又效之何也蓋宋儒言心性禪門亦言心性其言相似易於渾同儒者亦不自知而流入彼法矣至儒佛之分在毫釐之間若暗中分五色飲水辨淄澠其理至微學者貴自得之豈可以口舌爭乎自象山之學與慈湖之言近於禪矣姚江之學繼起折而入於佛者不可更僕數矣然尙自諱其學曰吾之言儒言也非禪言也吾之行儒行也非禪行也如沈史

諸君子是已至明之趙大洲始以儒證佛以佛證儒如
香聞師諸先生是已閒嘗考之後人皆曰援儒入佛始
於楊慈湖然程伯子有言曰佛言前後際斷純亦不已
是也是援儒入佛不始於慈湖始於伯子矣　先君子
學佛有年明於去來嘗曰儒自爲儒佛自爲佛何必比
而同之學儒學佛亦視其性之所近而已儒者談禪略
其跡而存其眞斯可矣必曰佛儒一本亦高明之蔽也
藩謹守　庭訓少讀儒書不敢闢佛亦不敢佞佛識者
諒之